政府和社会资本合作(PPP)项目
选择社会资本方招标资格预审文件
示 范 文 本

（公路项目）

中国招标投标协会　编著

中 国 计 划 出 版 社

图书在版编目（CIP）数据

政府和社会资本合作（PPP）项目选择社会资本方招标资格预审文件示范文本 ：公路项目 / 中国招标投标协会编著. -- 北京 ：中国计划出版社，2019.11
ISBN 978-7-5182-1106-7

Ⅰ. ①政… Ⅱ. ①中… Ⅲ. ①政府投资－合作－社会资本－道路工程－基本建设项目－招标－文件－中国
Ⅳ. ①U415.13

中国版本图书馆CIP数据核字(2019)第236912号

政府和社会资本合作（PPP）项目
选择社会资本方招标资格预审文件示范文本（公路项目）
中国招标投标协会　编著

中国计划出版社出版发行
网址：www.jhpress.com
地址：北京市西城区木樨地北里甲11号国宏大厦C座3层
邮政编码：100038　电话：(010) 63906433（发行部）
北京市科星印刷有限责任公司印刷

880mm×1230mm　1/16　4印张　82千字
2019年11月第1版　2019年11月第1次印刷
印数1—3000册

ISBN 978-7-5182-1106-7
定价：32.00元

《政府和社会资本合作（PPP）项目选择社会资本方招标资格预审文件示范文本（公路项目）》编制委员会

使 用 说 明

一、为规范政府和社会资本合作（Public – Private Partnership，以下均简称：PPP）公路项目选择社会资本方招标资格预审文件编制工作，中国招标投标协会组织华杰工程咨询有限公司和国内专家编写《政府和社会资本合作（PPP）项目选择社会资本方招标资格预审文件示范文本（公路项目）》（以下简称《公路 PPP 资格预审示范文本》）。

二、《公路 PPP 资格预审示范文本》的编制依据主要是《中华人民共和国招标投标法》《中华人民共和国政府采购法》以及相关法律法规和规范性文件。《公路 PPP 资格预审示范文本》中对政府采购法律法规体系与招标投标法律法规体系不同的地方进行了单独标注，如无特别说明，则以招标投标法律法规体系的相关规定为准。招标人可根据项目实际需要选择使用。

三、《公路 PPP 资格预审示范文本》中的社会资本方是指已建立现代企业制度的各类国有企业、民营企业、外商投资企业、混合所有制企业，以及其他投资、经营主体。

四、《公路 PPP 资格预审示范文本》中的合作范围是按照 PPP 项目合同约定进行项目的投资、融资、勘察设计、建设、运营、维护及移交。

五、《公路 PPP 资格预审示范文本》适用于采用 BOT（建设—运营—移交）模式、通过招标方式选择社会资本方的政府和社会资本合作（PPP）收费公路项目。采用 ROT（改建—运营—移交）、TOT（转让—运营—移交）模式的，需修改《公路 PPP 资格预审示范文本》相应内容。非收费公路项目可以参照《公路 PPP 资格预审示范文本》使用。

六、招标人根据《公路 PPP 资格预审示范文本》编制项目招标资格预审文件时，可根据招标项目的具体特点和实际需要，对《公路 PPP 资格预审示范文本》中相关条款进行修改、补充、细化，但修改、补充或细化的内容不得违反法律、行政法规的强制性规定和平等、自愿、公平、诚实信用原则。

七、《公路 PPP 资格预审示范文本》用相同序号标示的章、节、条、款、项、目，供招标人选择使用；以空格标示的部分，招标人可根据招标项目具体特点和实际需要进行填写，确实没有需要填写的，在空格中用“/”标示。

八、招标人应将实际发布的资格预审公告编入出售的资格预审文件中，作为资格预审文件的组成部分。

九、《公路 PPP 资格预审示范文本》第三章“资格审查办法”分别规定合格制和有限数量制两种资格审查方法，招标人可根据招标项目具体特点和实际需要选择使用。第三章“资格审查办法”前附表应列明全部审查因素和审查标准，并在本章（前附表及正文）标明申请人不满足要求即不能通过资格预审的全部条款。

十、采用电子招标投标的，招标人应按照国家有关规定，结合项目具体情况和交易平台操作特点，在资格预审文件中载明相应要求。

十一、各使用单位或个人如对《公路 PPP 资格预审示范文本》有修改意见和建议，请及时反馈中国招标投标协会。

目　　次

__________省（自治区、直辖市）

__________（PPP项目名称）选择社会资本方招标

资格预审文件

招标人：__________（盖单位章）

__________年__________月__________日

目　　录

第一章　资格预审公告

________（PPP 项目名称）选择社会资本方招标资格预审公告[①]

1. 招标条件

本招标项目________________（PPP 项目名称）已由________（政府机关名称）以________（批准文号）批准采用政府和社会资本合作（PPP）模式实施。招标人是经________（政府机关名称）授权的项目实施机构________。项目实施方案已经政府批准，现对该项目的社会资本方进行公开招标，特邀请有兴趣的潜在投标人（以下简称：申请人）提出资格预审申请。

2. 项目概况、招标范围和操作模式

2.1 项目概况

简述项目建设地点、建设规模、技术标准、建设工期、项目投资估算、项目资本金比例等。

2.2 招标范围

本次招标范围为选择____________（PPP 项目名称）的社会资本方。

2.3 操作模式

2.3.1 本项目的具体操作模式为建设—运营—移交（Build－Operate－Transfer，简称：BOT）模式。中标后，社会资本方应按《中华人民共和国公司法》及其他相关法律法规和政策规定组建项目公司，由项目公司对项目的筹划、资金筹措、建设实施、运营管理、债务偿还、资产管理和项目移交等全过程负责，自主经营，自负盈亏，并在 PPP 项目合同规定的项目合作期满后，按照 PPP 项目合同的约定将公路（含土地使用权）、公路附属设施及相关资料等无偿移交给行业主管部门。

2.3.2 政府将与社会资本方共同出资组建项目公司。其中政府出资人代表为：____________________（单位名称），出资方式为：____________（实物出资、现金出资等），出资额为：______元，出资时间为：______。[②]

① 招标人可根据项目具体特点和实际需要对本章内容进行补充、细化，但应遵守《中华人民共和国招标投标法》第十六条和《招标公告和公示信息发布管理办法》等有关法律法规的规定；对于政府采购项目，在招标公告中应明确预算金额和采购需求，并遵守《政府采购信息公告管理办法》的规定。

② 适用于政府参股项目公司的情况。

2.3.3　本项目由政府提供可行性缺口补助，补助金额或补助金额确定方式为：______，补助形式为：______，补助时间为：______。①

3. 申请人资格要求②

3.1　独立申请人资格要求

本次资格预审要求申请人具备的资格条件包括：

3.1.1　在中国境内/境外依法注册的企业法人或其他组织。

3.1.2　______年末总资产______亿元③人民币以上（或等值货币，汇率以资格预审公告发布之日中国银行外汇牌价中卖出价为准，下同），净资产______亿元人民币以上。

3.1.3　具有不低于项目投资估算的投融资能力，其中投资能力不低于______元，融资能力不低于：______（项目投资估算－申请人拟投资金额④）。

3.1.4　最近连续三年每年均为盈利，且年度财务报告应当经具有法定资格的中介机构审计；____年末资产负债率小于____%⑤，近____年经营性现金净流量均为正值，没有处于主要财产被接管、查封、冻结等严重影响合同履行或者承担项目能力的状态。

3.1.5　商业信誉良好，在经济活动中无重大违法违规行为。

3.1.6　其他要求：__________________。

3.2　联合体资格要求

本次资格预审__________（接受或不接受）联合体资格预审申请。联合体申请资格预审的，应满足下列要求：

3.2.1　联合体所有成员数量不得超过______家⑥。

3.2.2　联合体牵头人及成员应满足的资格条件⑦：______。

3.2.3　联合体各方不得再以自己名义单独或加入其他联合体在本项目中参加资格预审，否则，相关资格预审申请均不予通过。

---

① 适用于政府提供可行性缺口补助的情况。可行性缺口补助可以为现金，也可以根据现行规定，授予项目沿线一定范围土地开发使用权、矿产资源和旅游资源等。

② 招标人应根据招标项目的规模和项目投资金额设定申请人需具备的资格条件。对于政府采购项目，资格条件的设置应满足《中华人民共和国政府采购法》第二十二条和《政府采购货物和服务招标投标管理办法》等法律法规的要求。

③ 资格预审文件中提到的货币单位除有特别说明外，均指人民币元。

④ 政府不参股的项目，申请人的投资能力应不小于国家关于项目资本金的规定，申请人的融资能力应不小于：项目投资估算－申请人拟投资金额；政府参股的项目，申请人的投资能力应不小于差额部分资本金的额度，申请人的融资能力应不小于：项目投资估算－申请人拟投资金额－政府投资金额。

⑤ 资产负债率一般应不大于85%。

⑥ 考虑到联合体内部协调等因素，招标人可根据实际情况规定联合体所有成员的最多数量。

⑦ 招标人应明确联合体投标时资格审查标准中各项指标的计算方法，如：联合体牵头人满足资格条件或者联合体各方按照股权比例加权计算后满足资格条件等。

3.2.4　联合体所有成员均应参股项目公司，联合体牵头人应当为联合体内部出资比例最大的一方。

3.2.5　其他内容详见申请人须知第1.4.2项约定。

3.3　与招标人存在利害关系可能影响招标公正性的单位，不得提出资格预审申请。单位负责人为同一人或存在控股、管理关系的不同单位，对同一项目提出资格预审申请的，最多只能有一家单位通过资格预审。

4. 资格预审方法

本次资格预审采用________（合格制/有限数量制）。

5. 资格预审文件的获取

5.1　请申请人于____年____月____日至____年____月____日（法定公休日、法定节假日除外）[①] 每日上午____时至____时，下午____时至____时（北京时间，下同），在________（详细地址）持单位介绍信（或授权委托书）、经办人身份证及上述资料复印件[②]购买资格预审文件。联合体参加投标的，应由联合体牵头人报名参加本项目资格预审。

5.2　资格预审文件每套售价____元，售后不退。

6. 资格预审申请文件的递交

6.1　递交资格预审申请文件截止时间（申请截止时间，下同）为____年____月____日____时____分[③]，申请人应于当日____时____分至____时____分将资格预审申请文件递交至____________。

6.2　逾期送达或者未送达指定地点或者未按要求密封的资格预审申请文件，招标人将予以拒收。

7. 发布公告的媒介

本次资格预审公告同时在____________（发布公告的媒介名称）上发布。[④]

① 资格预审文件的发售时间不得少于5日；对于政府采购项目，资格预审文件的发售时间不得少于5个工作日。

② 资格预审文件中所有复印件均指彩色扫描件或彩色复印件。

③ 依法必须进行招标的项目提交资格预审申请文件的时间，自资格预审文件停止发售之日起不得少于5日；对于政府采购项目，资格预审文件自开始发售之日起至申请人递交资格预审申请文件截止时间止，不得少于15个工作日。

④ 招标人必须注明所有发布资格预审公告的媒介名称；对于政府采购项目，应在省级以上人民政府财政部门指定的媒体上发布。

8. 联系方式

招标人：	________	招标代理机构：	________
地　　址：	________	地　　址：	________
邮政编码：	________	邮政编码：	________
联 系 人：	________	联 系 人：	________
电　　话：	________	电　　话：	________
传　　真：	________	传　　真：	________
	____年____月____日		____年____月____日

第二章　申请人须知

申请人须知

申请人须知前附表[①]

条款号	条 款 名 称	编 列 内 容
1.1.2	招标人	名　　称： 地　　址： 联 系 人： 电　　话： 传　　真： 电子邮箱：
1.1.3	招标代理机构	名　　称： 地　　址： 联 系 人： 电　　话： 传　　真： 电子邮箱：
1.1.4	项目名称	
1.1.5	项目建设地点	
1.2.1	项目投资金额	项目投资估算为______元
1.2.2	资本金比例[②]	项目资本金应不低于项目总投资的______%
1.2.3	资金来源	
1.3.1	招标范围	本次招标范围为选择__________（PPP 项目名称）的社会资本方

① a. 申请人须知前附表用于进一步明确正文中的未尽事宜，由招标人根据招标项目具体特点和实际需要编制和填写，但务必做到与资格预审文件中其他章节的衔接，与本章正文内容不一致的，以申请人须知前附表填写的内容为准。

b. 申请人须知前附表中的附录表格同属申请人须知前附表内容，具有同等效力。

② 项目资本金应满足国家的相关规定。

续表

条款号	条款名称	编列内容
1.3.2	操作模式	（1）本项目采用政府和社会资本合作，操作模式为BOT模式。中标后，社会资本方应按《中华人民共和国公司法》及其他相关法律法规和政策规定组建项目公司，由项目公司对项目的筹划、资金筹措、建设实施、运营管理、债务偿还、资产管理和项目移交等全过程负责，自主经营，自负盈亏，并在PPP项目合同规定的项目合作期满后，按照PPP项目合同的约定将公路（含土地使用权）、公路附属设施及相关资料等无偿移交给行业主管部门。 （2）政府将与社会资本方共同出资组建项目公司。经______（政府机关名称）同意，______作为本项目的政府出资人代表，认缴项目资本金的____%，其余项目资本金由社会资本方认缴，项目资本金以外的其余建设资金由项目公司依法筹集。① （3）本项目由政府提供可行性缺口补助，补助金额或补助金额确定方式：______，补助形式：______，补助时间：______②
1.3.3	项目合作期	
1.3.4	绩效目标要求	（1）勘察设计目标：______ （2）施工目标（工期、安全生产、环保等）：______ （3）交工验收的工程质量目标：______ （4）竣工验收的工程质量目标：______ （5）公路养护目标：______ （6）运营服务目标：______ （7）其他目标：__________
1.4.1	申请人法人资格、财务状况、投融资能力、商业信誉和其他要求	法人资格：见本章附录1 财务状况：见本章附录2 投融资能力：见本章附录3 商业信誉：见本章附录4 其他要求：见本章附录5
1.4.2	联合体	□不接受 □接受，应满足下列要求： （1）联合体所有成员数量不得超过______家； （2）还应满足下列要求：________________
1.4.3	申请人不得存在的其他关联情形	

① 适用于政府参股项目公司的情况。
② 适用于政府提供可行性缺口补助的情况。

续表

条款号	条款名称	编列内容
1.4.4	申请人不得存在的其他不良状况或不良信用记录	
2.2.1	申请人要求澄清资格预审文件	时间：_____年_____月_____日_____时_____分
		形式：
2.2.2	资格预审文件澄清发出的形式	
2.2.3	申请人确认收到资格预审文件澄清	时间：收到澄清后_____小时内（以发出时间为准）
		形式：
2.3.1	资格预审文件修改发出的形式	
2.3.2	申请人确认收到资格预审文件修改	时间：收到修改后_____小时内（以发出时间为准）
		形式：
3.1.1	构成资格预审申请文件的其他资料	
3.3.2	资格预审申请文件副本份数及其他要求	资格预审申请文件副本份数：__________ 是否要求提交电子版文件：__________ 其他要求：__________
3.3.3	装订的其他要求	
4.1.2	封套上写明	招标人地址：__________ 招标人全称：__________ __________（PPP 项目名称）选择社会资本方招标资格预审申请文件在_____年_____月_____日_____时_____分前不得开启 申请人地址：__________ 申请人全称：__________
4.2.3	是否退还资格预审申请文件	□否 □是，退还时间：
5.1.2	审查委员会的组建	审查委员会构成：共_____人；其中招标人代表_____人，专家_____人。 专家确定方式：__________
5.2	资格审查方法	□合格制 □有限数量制，最多通过资格评审的数量为：_____

续表

条款号	条 款 名 称	编 列 内 容
6. 1	资格预审结果的通知时间	
6. 3	资格预审结果的确认时间	收到投标邀请书后______小时内（以发出时间为准）予以确认
8. 4. 1	监督部门	监督部门：____________ 地　　址：____________ 电　　话：____________ 传　　真：____________ 邮政编码：____________
需要补充的其他内容		
……	……	
……	……	

附录1　资格审查条件（法人资格）

资格条件
在中国境内/境外依法注册的企业法人或其他组织。 如申请人为联合体，可按联合体成员分别要求。

附录2　资格审查条件（财务状况）

资格条件
（1）______年末总资产______亿元人民币以上，净资产______亿元人民币以上； （2）最近连续三年每年均为盈利，且年度财务报告应当经具有法定资格的中介机构审计；______年末资产负债率小于______%，近______年经营性现金净流量均为正值，没有处于主要财产被接管、查封、冻结等严重影响合同履行或者承担项目能力的状态。 如申请人为联合体，可按联合体成员分别要求。

附录3　资格审查条件（投融资能力）

资 格 条 件
具有不低于项目投资估算的投融资能力，其中投资能力不低于______元，融资能力不低于：______________（项目投资估算－申请人拟投资金额）。 如申请人为联合体，可按联合体成员分别要求。

附录4　资格审查条件（商业信誉）[①]

资格条件
商业信誉良好，在经济活动中无重大违法违规行为。 如申请人为联合体，可按联合体成员分别要求。

① 具体商业信誉要求由招标人在满足国家相关法律法规前提下，根据招标项目具体特点和实际情况确定，但不得与“申请人须知”第1.4.4项规定的内容重复。

附录5 资格审查条件（其他要求）[①]

资格条件

① 其他要求由招标人在满足国家相关法律法规前提下，根据招标项目具体特点和实际情况确定。

1. 总则

1.1 项目概况

1.1.1 根据有关法律、法规和规章的规定，本招标项目已具备招标条件，现进行公开招标，特邀请有兴趣的申请人对本项目的社会资本方招标提出资格预审申请。

1.1.2 本招标项目招标人：见申请人须知前附表。

1.1.3 本招标项目招标代理机构：见申请人须知前附表。

1.1.4 本招标项目名称：见申请人须知前附表。

1.1.5 本招标项目建设地点：见申请人须知前附表。

1.2 项目投资金额、资本金比例和资金来源

1.2.1 本项目的投资金额：见申请人须知前附表。

1.2.2 本项目的资本金比例：见申请人须知前附表。

1.2.3 本项目的资金来源：见申请人须知前附表。

1.3 招标范围、操作模式、项目合作期和绩效目标要求

1.3.1 本项目招标范围：见申请人须知前附表。

1.3.2 本项目操作模式：见申请人须知前附表。

1.3.3 本项目项目合作期：见申请人须知前附表。

1.3.4 本项目绩效目标要求：见申请人须知前附表。

1.4 申请人资格要求

1.4.1 本项目对申请人法人资格、财务状况、投融资能力、商业信誉和其他要求：见申请人须知前附表。

1.4.2 申请人须知前附表规定接受联合体申请资格预审的，联合体应遵守申请人须知前附表的要求和以下规定：

（1）联合体各方必须按资格预审文件提供的格式签订联合体协议书，明确联合体牵头人和各方的权利义务、出资额或出资比例，联合体所有成员均应参股项目公司，联合体牵头人应当为联合体内部出资比例最大的一方；

（2）通过资格预审的联合体，其各方组成结构或职责不得改变，财务能力、信誉情况等资格条件不得降低；

（3）联合体各方不得再以自己名义单独或加入其他联合体在同一项目中参加资格预审；

（4）联合体各方应分别按照本资格预审文件的要求，填写资格预审申请文件中的相应表格，并由联合体牵头人负责对联合体各成员的资料进行统一汇总后一并提交给招标人；联合体牵头人所提交的资格预审申请文件应认为已代表了联合体各成员的意愿和真实情况；

（5）联合体所有成员数量不得超过申请人须知前附表规定的数量；

（6）尽管委任了联合体牵头人，但联合体各成员在资格预审、投标、签约与履行合同过程中，仍负有连带的和各自的法律责任。

1.4.3　申请人（包括联合体各成员）不得与本项目相关单位存在下列关联关系[①]：

（1）为招标人不具有独立法人资格的附属机构（单位）；

（2）与招标人存在利害关系可能影响招标公正性；

（3）为本次招标的招标代理机构；

（4）与本次招标的招标代理机构同为一个法定代表人；

（5）法律法规或申请人须知前附表规定的其他情形。

1.4.4　申请人（包括联合体各成员）不得存在下列不良状况或不良信用记录：

（1）被省级及以上行业主管部门取消招标项目所在地的投标资格且处于有效期内；

（2）被责令停业，暂扣或吊销执照，或吊销资质证书；

（3）进入清算程序，或被宣告破产，或其他丧失履约能力的情形；

（4）在国家企业信用信息公示系统（http://www.gsxt.gov.cn/）中被列入严重违法失信企业名单；

（5）在“信用中国”网站（http://www.creditchina.gov.cn/）中被列入失信被执行人名单；

（6）法律法规或申请人须知前附表规定的其他情形。

1.4.5　单位负责人为同一人或存在控股、管理关系的不同单位，对本次招标提出资格预审申请的，最多只能有一家单位通过资格预审。

1.5　语言文字

来往文件使用的语言文字为中文。专用术语使用外文的，应附有中文注释。

1.6　费用承担

申请人准备和参加资格预审发生的费用自理。

2. 资格预审文件

2.1　资格预审文件的构成

2.1.1　本次资格预审文件包括资格预审公告、申请人须知、资格审查办法、资格预审申请文件格式、项目基础资料，以及根据本章第2.2款对资格预审文件的澄清和第2.3款对资格预审文件的修改。

2.1.2　当资格预审文件、资格预审文件的澄清或修改等在同一内容的表述上不一致

[①] 招标人应在申请人须知前附表中明确为本项目前期准备提供设计或咨询服务的法人或其任何附属机构（单位）是否可以参与资格预审。

时，以最后发出的书面文件为准。

2.2 资格预审文件的澄清

2.2.1 申请人应仔细阅读和检查资格预审文件的全部内容。如发现缺页或内容不全，应及时向招标人提出，以便补齐。如有疑问，应按申请人须知前附表规定的时间和形式将提出的问题送达招标人，要求招标人对资格预审文件予以澄清。

2.2.2 资格预审文件的澄清以申请人须知前附表规定的形式发给所有购买资格预审文件的申请人，但不指明澄清问题的来源。澄清发出的时间距本章第4.2.1项规定的提交资格预审申请文件截止时间不足3日，且澄清内容可能影响资格预审申请文件编制的，将相应延长提交资格预审申请文件的截止时间。

2.2.3 申请人在收到澄清后，应按申请人须知前附表规定的时间和形式通知招标人，确认已收到该澄清。

2.2.4 除非招标人认为确有必要答复，否则，招标人有权拒绝回复申请人在本章第2.2.1项规定的时间后提出的任何澄清要求。

2.3 资格预审文件的修改

2.3.1 招标人以申请人须知前附表规定的形式修改资格预审文件，并通知所有已购买资格预审文件的申请人。修改资格预审文件的时间距本章第4.2.1项规定的提交资格预审申请文件截止时间不足3日，且修改内容可能影响资格预审申请文件编制的，将相应延长提交资格预审申请文件的截止时间。

2.3.2 申请人收到修改内容后，应按申请人须知前附表规定的时间和形式通知招标人，确认已收到该修改。

2.4 资格预审文件的异议

申请人或其他利害关系人对资格预审文件有异议的，应在提交资格预审申请文件截止时间2日前以书面形式提出。招标人将在收到异议之日起3日内作出答复；作出答复前，将暂停招标投标活动。

3. 资格预审申请文件

3.1 资格预审申请文件的构成

3.1.1 资格预审申请文件应包括下列内容：

（1）资格预审申请函；

（2）授权委托书或法定代表人身份证明；

（3）联合体协议书；

（4）资格预审申请文件附表格式；

（5）其他资料：见申请人须知前附表。

3.1.2 申请人须知前附表规定不接受联合体资格预审申请的或申请人没有组成联合体

的，资格预审申请文件不包括本章第3.1.1（3）目所指的联合体协议书。

3.2 资格预审申请文件的编制

3.2.1 资格预审申请文件应按第四章“资格预审申请文件格式”进行编写，并按各资格审查表格的具体要求提供相关证件及证明材料。如有必要，可以增加附页，并作为资格预审申请文件的组成部分。申请人须知前附表规定接受联合体资格预审申请的，本项规定的表格和资料应包括联合体各方相关情况。

3.2.2 如果资格预审申请文件由委托代理人签署，则申请人须提交授权委托书，授权委托书应按第四章“资格预审申请文件格式”的要求出具，并由法定代表人和委托代理人亲笔签名，不得使用印章、签名章或其他电子制版签名代替。

如果由申请人的法定代表人亲自签署资格预审申请文件，则申请人须提交法定代表人身份证明，身份证明应符合第四章“资格预审申请文件格式”的要求。

以联合体形式申请资格预审的，法定代表人授权委托书或法定代表人身份证明须由联合体牵头人按上述规定出具。

3.3 资格预审申请文件的装订、签字

3.3.1 申请人应按本章第3.1款和第3.2款的要求，编制完整的资格预审申请文件，用不褪色的材料书写或打印。资格预审申请文件格式中明确要求申请人法定代表人或其委托代理人签字之处，必须由相关人员亲笔签名，不得使用印章、签名章或其他电子制版签名代替；明确要求申请人加盖单位章之处，必须加盖单位章。其中资格预审申请函及对资格预审申请文件的澄清和说明应加盖申请人单位章，或由申请人的法定代表人或其委托代理人签字。

以联合体形式申请资格预审的，资格预审申请文件由联合体牵头人的法定代表人或其委托代理人按上述规定签署并加盖联合体牵头人单位章。

资格预审申请文件中的任何改动之处应加盖申请人单位章，或由申请人的法定代表人或其委托代理人签字确认。

3.3.2 资格预审申请文件正本一份，副本份数见申请人须知前附表。正本和副本的封面右上角上应清楚地标记“正本”或“副本”字样。申请人应根据申请人须知前附表要求提供电子版文件。当副本和正本不一致或电子版文件和纸质正本文件不一致时，以纸质正本文件为准。

3.3.3 资格预审申请文件的正本与副本应分别装订成册（A4纸幅），编制目录并逐页标注连续页码。资格预审申请文件不得采用活页夹装订，否则，招标人对由于资格预审申请文件装订松散而造成的丢失或其他后果不承担任何责任。装订的其他要求见申请人须知前附表。

4. 资格预审申请

4.1 资格预审申请文件的密封和标识

4.1.1 资格预审申请文件的正本、副本及其电子版文件（如需要）应统一密封在一个封套中。

4.1.2 资格预审申请文件封套上应写明的内容见申请人须知前附表。

4.1.3 未按本章第4.1.1项要求密封的资格预审申请文件，招标人将予以拒收。

4.2 资格预审申请文件的递交

4.2.1 申请截止时间：见第一章“资格预审公告”第6条。

4.2.2 申请人递交资格预审申请文件的地点：见第一章“资格预审公告”第6条。

4.2.3 除申请人须知前附表另有规定外，申请人所递交的资格预审申请文件不予退还。

4.2.4 逾期送达或未送达指定地点的资格预审申请文件，招标人将予以拒收。

4.3 资格预审申请文件的修改

4.3.1 资格预审申请文件按要求送达后，在规定的递交截止时间前，申请人可以撤回申请文件或修改申请文件。如需修改申请文件，应当以正式函件提出并做出说明。

4.3.2 修改资格预审申请文件的正式函件是资格预审申请文件的组成部分，其形式要求、密封方式、送达时间，应符合资格预审文件的要求。

5. 资格预审申请文件的审查

5.1 审查委员会

5.1.1 资格预审申请文件由招标人组建的审查委员会负责审查。

5.1.2 审查委员会的组建：见申请人须知前附表。

5.2 资格审查

审查委员会根据申请人须知前附表规定的方法和第三章“资格审查办法”中规定的审查标准，对所有已受理的资格预审申请文件进行审查。第三章“资格审查办法”没有规定的方法和标准不得作为审查依据。

6. 通知和确认

6.1 通知

招标人在申请人须知前附表规定的时间内，以书面形式将资格预审结果通知申请人，并向通过资格预审的申请人发出投标邀请书。

对于未通过资格预审的申请人，招标人应在资格预审结果通知书中告知其未通过的依据和原因。

6.2　资格预审结果的异议

申请人或利害关系人对资格预审审查结果有异议的，应在收到资格预审结果通知书后3日内提出。招标人将在收到异议之日起3日内作出答复；作出答复前，将暂停招标投标活动。

6.3　确认

通过资格预审的申请人收到投标邀请书后，应在申请人须知前附表规定的时间内以书面形式明确表示是否参加投标。在申请人须知前附表规定时间内未表示是否参加投标或明确表示不参加投标的，不得再参加投标。因此造成潜在投标人数量不足3个的，招标人重新组织资格预审或不再组织资格预审而直接招标①。

7. 申请人的资格改变

通过资格预审的申请人法人资格、能力和信誉等资格条件发生变化，使其不再实质上满足第三章“资格审查办法”规定标准的，其投标不被接受。

8. 纪律与监督

8.1　严禁贿赂

严禁申请人向招标人、审查委员会成员和与审查活动有关的其他工作人员行贿。在资格预审期间，不得邀请招标人、审查委员会成员以及与审查活动有关的其他工作人员到申请人单位参观考察，或出席申请人主办、赞助的任何活动。

8.2　不得干扰资格审查工作

申请人不得以任何方式干扰、影响资格预审的审查工作，否则将导致其不能通过资格预审。

8.3　保密

招标人、审查委员会成员，以及与审查活动有关的其他工作人员应对资格预审申请文件的审查、比较进行保密，不得在资格预审结果公布前透露资格预审结果，不得向他人透露可能影响公平竞争的有关情况。

8.4　投诉

8.4.1　申请人或其他利害关系人认为本次资格预审活动不符合法律、行政法规规定的，可以自知道或应当知道之日起10日内向有关行政监督部门投诉。投诉应有明确的请求和必要的证明材料。

监督部门的联系方式见申请人须知前附表。

8.4.2　申请人或其他利害关系人对资格预审文件和资格预审审查结果提出投诉的，应

① 直接招标是指直接采用资格后审方式招标，下同。

按照本章第2.4款和第6.2款的规定先向招标人提出异议。异议答复期间不计算在第8.4.1项规定的期限内。

9. 其他规定

9.1 保持联系方式有效

自购买资格预审文件之日起，申请人应保证其提供的联系方式（电话、传真、电子邮件）持续有效，以保证往来函件（资格预审文件的澄清、修改等）能及时通知申请人，并能及时反馈信息，否则招标人不承担由此引起的一切后果。

9.2 招标人的权力

招标人有对资格预审申请文件进行核实和要求申请人进行澄清的权力，若招标人在资格审查时或必要的调查过程中发现申请人有弄虚作假行为，将取消其投标资格。

需要补充的其他内容：见申请人须知前附表。

第三章　资格审查办法（合格制）

资格审查办法（合格制）

资格审查办法前附表①

条款号		审查因素与标准
2.1	初步审查标准	（1）申请人名称与营业执照一致； （2）资格预审申请文件按照资格预审文件规定的格式、内容填写，字迹清晰可辨； （3）资格预审申请文件签署、盖章情况符合第二章“申请人须知”第3.3.1项规定； （4）提交资格预审申请文件的项目与购买资格预审文件的项目一致； （5）申请人的授权委托书或法定代表人身份证明符合第二章“申请人须知”第3.2.2项规定； （6）资格预审申请文件正、副本份数符合第二章“申请人须知”第3.3.2项规定； （7）资格预审申请人如果以联合体形式申请，符合第二章“申请人须知”第1.4.2项规定； ……
2.2	详细审查标准	（1）申请人具备有效的营业执照和基本存款账户； （2）申请人的法人资格符合第二章“申请人须知”前附表附录1的规定； （3）申请人的财务状况符合第二章“申请人须知”前附表附录2的规定； （4）申请人的投融资能力符合第二章“申请人须知”前附表附录3的规定； （5）申请人的商业信誉符合第二章“申请人须知”前附表附录4的规定； （6）申请人的其他要求符合第二章“申请人须知”前附表附录5的规定； （7）申请人不存在第二章“申请人须知”第1.4.3项或第1.4.4项规定的任何一种情形； （8）以联合体形式申请资格预审的，联合体各方均未再以自己名义单独或参加其他联合体在同一项目中申请资格预审；独立提出资格预审申请的，申请人未同时参加联合体在同一项目中申请资格预审； （9）在资格预审过程中申请人不存在串通投标、弄虚作假、行贿或其他违法违规行为，串通投标、弄虚作假行为按照《中华人民共和国招标投标法实施条例》第三十九条至第四十二条的规定进行评审和认定②； （10）审查委员会要求申请人对资格预审申请文件进行澄清或说明的，申请人的澄清或说明符合本章正文第3.3款规定； ……

① 资格审查办法前附表用于明确资格审查的方法、因素、标准和程序。招标人应根据招标项目具体特点和实际需要，详细列明全部审查因素、标准，没有列明的因素和标准不得作为资格审查的依据。

② 对于政府采购项目，应作相应修改。

续表

条款号	审查因素与标准
3. 2. 2	单位负责人为同一人或存在控股、管理关系的不同单位参加同一项目资格预审申请的，按照以下优先顺序确定通过资格预审的单位： （1）…… （2）……

1. 审查方法

本次资格预审采用合格制。凡符合本章第 2. 1 款、第 2. 2 款和第 3. 2. 2 项规定审查标准的申请人均通过资格预审。

2. 审查标准

2. 1　初步审查标准

初步审查标准：见资格审查办法前附表。

2. 2　详细审查标准

详细审查标准：见资格审查办法前附表。

3. 审查程序

3. 1　初步审查

3. 1. 1　审查委员会依据本章第 2. 1 款规定的标准，对资格预审申请文件进行初步审查。有一项因素不符合审查标准的，不能通过资格预审。

3. 1. 2　审查委员会可以要求申请人提交第二章“申请人须知”第 3. 2. 1 项规定的有关证明和证件的原件，以便核验。

3. 2　详细审查

3. 2. 1　审查委员会依据本章第 2. 2 款规定的标准，对通过初步审查的资格预审申请文件进行详细审查。有一项因素不符合审查标准的，不能通过资格预审。

3. 2. 2　单位负责人为同一人或存在控股、管理关系的不同单位，在同一项目中有两家以上（含两家）通过初步审查和详细审查的，只能有一家单位通过资格预审。确定通过资格预审单位的原则见资格审查办法前附表。

3. 3　资格预审申请文件的澄清

在审查过程中，审查委员会可以书面形式，要求申请人对所提交的资格预审申请文件中不明确的内容进行必要的澄清或说明。申请人的澄清或说明应采用书面形式，并不得改变资格预审申请文件的实质性内容。申请人的澄清和说明内容属于资格预审申请文件的组成部分。审查委员会不接受申请人主动提出的澄清或说明。

4. 审查结果

4.1 提交审查报告

审查委员会按照本章第3条规定的程序对资格预审申请文件完成审查后，确定通过资格预审的申请人名单，并向招标人提交书面审查报告。

4.2 重新进行资格预审或招标①

通过资格预审申请人的数量不足3个的，招标人重新组织资格预审或不再组织资格预审而直接招标。

① 对于政府采购项目，应作相应修改。

第三章　资格审查办法（有限数量制）

资格审查办法（有限数量制）

资格审查办法前附表[①]

条款号	条款名称	编列内容
1	通过资格预审的人数	通过初步审查和详细审查的申请人，按综合得分由高到低的顺序排序，选择前______名通过资格预审。
2		审查因素与标准
2.1	初步审查标准	（1）申请人名称与营业执照一致； （2）资格预审申请文件按照资格预审文件规定的格式、内容填写，字迹清晰可辨； （3）资格预审申请文件签署、盖章情况符合第二章“申请人须知”第3.3.1项规定； （4）提交资格预审申请文件的项目与购买资格预审文件的项目一致； （5）申请人的授权委托书或法定代表人身份证明符合第二章“申请人须知”第3.2.2项规定； （6）资格预审申请文件正、副本份数符合第二章“申请人须知”第3.3.2项规定； （7）资格预审申请人如果以联合体形式申请，符合第二章“申请人须知”第1.4.2项规定； ……
2.2	详细审查标准	（1）申请人具备有效的营业执照和基本存款账户； （2）申请人的法人资格符合第二章“申请人须知”前附表附录1的规定； （3）申请人的财务状况符合第二章“申请人须知”前附表附录2的规定； （4）申请人的投融资能力符合第二章“申请人须知”前附表附录3的规定； （5）申请人的商业信誉符合第二章“申请人须知”前附表附录4的规定； （6）申请人的其他要求符合第二章“申请人须知”前附表附录5的规定； （7）申请人不存在第二章“申请人须知”第1.4.3项或第1.4.4项规定的任何一种情形； （8）以联合体形式申请资格预审的，联合体各方均未再以自己名义单独或参加其他联合体在同一项目中申请资格预审；独立提出资格预审申请的，申请人未同时参加联合体在同一项目中申请资格预审； （9）在资格预审过程中申请人不存在串通投标、弄虚作假、行贿或其他违法违规行为，串通投标、弄虚作假行为按照《中华人民共和国招标投标法实施条例》第三十九条至第四十二条的规定进行评审和认定[②]； （10）审查委员会要求申请人对资格预审申请文件进行澄清或说明的，申请人的澄清或说明符合本章正文第3.3款规定； ……

① 招标人应根据招标项目具体特点和实际需要，详细列明全部审查因素和评分值，没有列明的因素和评分值不得作为资格审查的依据。招标人应将申请人不能通过资格预审的全部条款，以醒目方式集中在资格审查办法前附表中。

② 对于政府采购项目，应作相应修改。

续表

<table>
<tr><td colspan="2">条款号</td><td colspan="5">审查因素与标准</td></tr>
<tr><td colspan="2">3.2.2</td><td colspan="5">单位负责人为同一人或存在控股、管理关系的不同单位参加同一项目资格预审申请的，按照以下顺序确定通过资格预审的单位：
（1）综合得分高的申请人优先；
（2）……</td></tr>
<tr><td rowspan="9">2.3</td><td rowspan="9">评分标准</td><td colspan="4">评分因素与评分值①</td><td rowspan="2">评分标准②</td></tr>
<tr><td>评分因素</td><td>评分因素评分值</td><td>各评分因素细分项</td><td>分值</td></tr>
<tr><td rowspan="3">管理经验</td><td rowspan="3">______分</td><td>投融资经验</td><td>______分</td><td>……</td></tr>
<tr><td>建设管理经验</td><td>______分</td><td>……</td></tr>
<tr><td>运营管理经验</td><td>______分</td><td>……</td></tr>
<tr><td>投资能力</td><td>______分</td><td>……</td><td>______分</td><td>……</td></tr>
<tr><td>融资实力</td><td>______分</td><td>……</td><td>______分</td><td>……</td></tr>
<tr><td>信用状况</td><td>______分</td><td>……</td><td>______分</td><td>……</td></tr>
<tr><td>其他评分因素</td><td>______分</td><td>……</td><td>______分</td><td>……</td></tr>
</table>

1. 审查方法

本次资格预审采用有限数量制。审查委员会依据本章规定的审查标准和程序，对通过初步审查和详细审查的资格预审申请文件进行量化打分，按得分由高到低的顺序确定通过资格预审的申请人。通过资格预审的申请人不超过资格审查办法前附表规定的数量。

2. 审查标准

2.1 初步审查标准

初步审查标准：见资格审查办法前附表。

2.2 详细审查标准

详细审查标准：见资格审查办法前附表。

2.3 评分标准

评分标准：见资格审查办法前附表。

---

① 各评分因素得分均不应低于其评分满分值的60%（对于政府采购项目，无此要求），且各评分因素得分应以审查委员会各成员的打分平均值确定，审查委员会成员总数为7人及以上时，该平均值以去掉一个最高和一个最低分后计算。

② 招标人应列明各评分因素或各评分因素细分项（如有）的评分标准（即评审细则应在资格预审文件中明确），并作为审查委员会进行评分的依据。

3. 审查程序

3.1 初步审查

3.1.1 审查委员会依据本章第 2.1 款规定的标准，对资格预审申请文件进行初步审查。有一项因素不符合审查标准的，不能通过资格预审。

3.1.2 审查委员会可以要求申请人提交第二章“申请人须知”第 3.2.1 项规定的有关证明和证件的原件，以便核验。

3.2 详细审查

3.2.1 审查委员会依据本章第 2.2 款规定的标准，对通过初步审查的资格预审申请文件进行详细审查。有一项因素不符合审查标准的，不能通过资格预审。

3.2.2 单位负责人为同一人或存在控股、管理关系的不同单位，在同一项目中有两家以上（含两家）通过初步审查和详细审查的，只能有一家单位通过资格预审。确定通过资格预审单位的原则见资格审查办法前附表。

3.3 资格预审申请文件的澄清

在审查过程中，审查委员会可以书面形式，要求申请人对所提交的资格预审申请文件中不明确的内容进行必要的澄清或说明。申请人的澄清或说明应采用书面形式，并不得改变资格预审申请文件的实质性内容。申请人的澄清和说明内容属于资格预审申请文件的组成部分。审查委员会不接受申请人主动提出的澄清或说明。

3.4 评分

3.4.1 通过详细审查的申请人不少于 3 个且没有超过本章第 1 条规定数量的，均通过资格预审，不再进行评分。

3.4.2 通过详细审查的申请人数量超过本章第 1 条规定数量的，审查委员会依据本章第 2.3 款评分标准进行评分，按得分由高到低的顺序进行排序。

4. 审查结果

4.1 提交审查报告

审查委员会按照本章第 3 条规定的程序对资格预审申请文件完成审查后，确定通过资格预审的申请人名单，并向招标人提交书面审查报告。

4.2 重新进行资格预审或招标①

通过详细审查申请人的数量不足 3 个的，招标人重新组织资格预审或不再组织资格预审而直接招标。

① 对于政府采购项目，应作相应修改。

第四章　资格预审申请文件格式

__________省（自治区、直辖市）

__________（PPP 项目名称）选择社会资本方招标

资格预审申请文件

申请人：____________________（盖单位章）

__________年__________月__________日

注：申请人如为联合体，应填写联合体所有成员的全称。

目　　录

一、 资格预审申请函

____________________（招标人名称）：

1. 按照资格预审文件的要求，我方（申请人）递交的资格预审申请文件及有关资料，用于你方（招标人）审查我方参加____________（PPP 项目名称）选择社会资本方招标的投标资格。

2. 我方的资格预审申请文件包含第二章“申请人须知”第 3. 1. 1 项规定的全部内容。

3. 我方接受你方的授权代表进行调查，以审核我方提交的文件和资料，并通过我方的客户，澄清资格预审申请文件中有关财务、资质及技术等方面的情况。

4. 你方授权代表可通过____________________（联系人及联系方式）得到进一步的资料。

5. 我方在此声明，所递交的资格预审申请文件及有关资料内容完整、真实和准确，且不存在第二章“申请人须知”第 1. 4. 3 项和第 1. 4. 4 项规定的任何一种情形。

6. 我方承诺，资格预审申请文件作为合同文件的组成部分，对我方具有约束力。

申　请　人：____________________________（盖单位章）

或法定代表人或其委托代理人：______________（签字）

电　　　话：____________________________

传　　　真：____________________________

申请人地址：____________________________

邮 政 编 码：____________________________

______年______月______日

注：申请人如为联合体，应填写联合体所有成员的全称。

二、 授权委托书或法定代表人身份证明

授权委托书[①]

本人____________（姓名）系____________（申请人名称）的法定代表人，现委托____________（姓名）为我方代理人。代理人根据授权，以我方名义签署、澄清确认、递交、撤回、修改________________（PPP 项目名称）选择社会资本方招标资格预审申请文件，其法律后果由我方承担。

委托期限：自本委托书签署之日起______个月内。[②]

代理人无转委托权。

附：法定代表人身份证复印件及委托代理人身份证复印件。

申　请　人：________________________（盖单位章）
法定代表人：________________________（签字）
身份证号码：____________________________
委托代理人：________________________（签字）
身份证号码：____________________________

______年______月______日

注：1. 法定代表人和委托代理人必须在授权委托书上亲笔签名，不得使用印章、签名章或其他电子制版签名代替；

2. 以联合体形式申请资格预审的，本授权委托书应由联合体牵头人的法定代表人按上述规定签署。

---

① 如果由申请人的法定代表人签署资格预审申请文件，则无须提交授权委托书。

② 具体委托期限宜由招标人在资格预审文件中作出统一规定。

法定代表人身份证明

申请人名称：____________________

姓名：____________________（法定代表人亲笔签字）性别：______年龄：______职务：__________系____________________（申请人名称）的法定代表人。

特此证明。

附：法定代表人身份证复印件。

申　请　人：____________________（盖单位章）

______年______月______日

注：法定代表人的签字必须是亲笔签名，不得使用印章、签名章或其他电子制版签名代替。

三、 联合体协议书

______________（所有成员单位名称）自愿组成联合体，共同参加______________（PPP 项目名称）选择社会资本方招标资格预审和投标。现就联合体投标事宜订立如下协议。

1. ______________（某成员单位名称）为______________（联合体名称）牵头人。

2. 联合体各成员授权牵头人代表联合体参加资格预审申请或投标活动，签署文件，提交和接收相关的资料、信息及指示，进行合同谈判活动，负责合同实施阶段的组织和协调工作，以及处理与本招标项目有关的一切事宜。

3. 联合体牵头人在本项目中签署的一切文件和处理的一切事宜，联合体各成员均予以承认。联合体各成员将严格按照招标文件、投标文件和合同的要求全面履行义务，并向招标人承担连带责任。

4. 如中标，联合体各方应当共同与招标人签订项目投资协议，联合体各方共同组建的项目公司注册成立后应与招标人签订 PPP 项目合同，对本项目的筹划、资金筹措、建设实施、运营管理、债务偿还和资产管理等全过程负责，自主经营，自负盈亏，并在 PPP 项目合同规定的项目合作期满后，按照 PPP 项目合同的约定将公路（含土地使用权）、公路附属设施及相关资料等无偿移交给行业主管部门。

5. 联合体各成员单位内部的出资及收益分配约定如下：

a. ______________（牵头人名称）在项目公司所占的出资（或股份）比例为______%，______________（成员一名称）在项目公司所占的出资（或股份）比例为______%……

b. 项目资本金的分期到位时间______。

c. 有关收益分配的约定______。

6. 资格预审申请工作、投标工作和联合体在中标后工程实施过程中的有关费用按各自承担的工作量分摊。

7. 本协议书自所有成员单位法定代表人签字并加盖单位章之日起生效，合同履行完毕后自动失效。

8. 本协议书一式______份，联合体成员和招标人各执一份。

联合体牵头人名称：______________________（盖单位章）

法定代表人：__________________________（签字）

联合体成员名称：______________________________（盖单位章）
法定代表人：______________________________（签字）

联合体成员名称：______________________________（盖单位章）
法定代表人：______________________________（签字）
……

______年______月______日

四、 资格预审申请文件附表格式

表 1　申请人基本情况表

<table>
<tr><td>申请人名称</td><td colspan="4"></td></tr>
<tr><td>注册地址</td><td colspan="2"></td><td>邮政编码</td><td></td></tr>
<tr><td rowspan="2">联系方式</td><td>联系人</td><td></td><td>电话</td><td></td></tr>
<tr><td>传真</td><td></td><td>电子邮件</td><td></td></tr>
<tr><td>法定代表人</td><td>姓名</td><td></td><td>电话</td><td></td></tr>
<tr><td>成立时间</td><td colspan="2"></td><td>员工总人数</td><td></td></tr>
<tr><td>营业执照号或
统一社会信用代码</td><td colspan="2"></td><td>企业类型</td><td></td></tr>
<tr><td>注册资本</td><td colspan="2"></td><td>总资产</td><td></td></tr>
<tr><td>净资产</td><td colspan="2"></td><td>银行资信等级</td><td></td></tr>
<tr><td>基本账户开户银行</td><td colspan="4"></td></tr>
<tr><td>基本账户账号</td><td colspan="4"></td></tr>
<tr><td>经营范围</td><td colspan="4"></td></tr>
<tr><td>资产构成情况</td><td colspan="4"></td></tr>
<tr><td>投资参股的
关联企业情况</td><td colspan="4">申请人应提供关联企业情况，包括：
（1）申请人的所有股东名称及相应股权（出资额）比例；如申请人为上市公司，申请人应提供股权占公司股份总数______% 以上的所有股东名称及相应股权比例；
（2）申请人投资（控股）或管理的下属企业名称、持有股权（出资额）比例；
（3）与申请人单位负责人（即法定代表人）为同一人的其他单位名称。</td></tr>
<tr><td>备注</td><td colspan="4"></td></tr>
</table>

注：1. 在本表后应附申请人营业执照副本、基本账户证明材料、银行资信等级副本（如有）、资质证书副本（如有）的复印件，且前述复印件应提供全本（证书封面、封底、空白页除外），应包括申请人名称、申请人其他相关信息、颁发机构名称、申请人信息变更情况等关键页在内，并逐页加盖申请人单位章。

2. 在本表后应附申请人情况的简介。

3. 以上资料以最近一年度数据为准。

4. 以联合体形式申请资格预审的，联合体各成员应分别填写。

表 2　申请人组织机构框图

叙述或附图说明申请人的组织机构，母公司和子公司关系（如有），公司法定代表人。

注：以联合体形式申请资格预审的，联合体各成员应分别填写。

表 3　财务状况表

项目或指标	单位	______年	______年	……
一、注册资本	万元			
二、净资产	万元			
三、长期投资	万元			
四、总资产	万元			
五、固定资产	万元			
六、流动资产	万元			
其中：1. 货币资金	万元			
2. 应收账款	万元			
3. 预付账款	万元			
4. 其他应收款	万元			
5. 存货	万元			
七、速动资产	万元			
八、流动负债合计	万元			
其中：1. 短期借款	万元			
2. 预收及应付款	万元			
九、负债合计	万元			
十、营业收入	万元			
十一、净利润	万元			
十二、现金流量净额	万元			
其中：1. 经营活动产生的现金流量净额	万元			
2. 投资活动产生的现金流量净额	万元			
3. 筹资活动产生的现金流量净额	万元			
十三、主要财务指标				
1. 净资产收益率	%			
2. 总资产报酬率	%			
3. 主营业务利润率	%			
4. 流动资产周转率	%			
5. 流动比率	%			
6. 资产负债率	%			
7. 速动比率	%			

注：1. 本表后应附：

a. 申请人______年度注册资本、净资产证明文件，长期投资以及担保事项的说明或证明文件。

b. 近______年经会计师事务所或审计机构审计的财务会计报表，包括资产负债表、现金流量表、利润表和财务情况说明书的复印件。

2. 本表所列数据必须与本表各附件中的数据相一致。

3. 以联合体形式申请资格预审的，联合体各成员应分别填写。

表4　投融资能力表（资金筹措方案）

申请人应在此分别提供项目资本金和其余建设资金的筹措方案，包括到位计划、额度、来源和证明材料。

注：1. 投融资能力证明材料可采用本资格预审文件提供的表4－1至表4－3格式，也可采用其他有效证明文件格式。

2. 以联合体形式申请资格预审的，联合体各成员应分别填写并提供证明材料。

表 4 - 1　投融资能力表（银行授信额度或存款证明）

申请人可在此提供 1 或 2：

1. ______年至______年银行授信额度材料；

2. 银行存款证明（按下述格式出具）。

银行存款证明

致：______________（招标人名称）

鉴于______________（申请人单位名称与地址）对______项目选择社会资本方招标提出资格预审申请，我行兹证明：该企业______年至______年在我行的平均年末存款为人民币（或其他币种）______________亿元。

银行地址：______________　　银　　行（全称）：______________（盖单位章）

邮政编码：______________　　法定代表人：______________（职务）

电　　话：______________　　或其授权的代理人：______________（签字）

传　　真：______________　　日　　期：______年______月______日

注：以联合体形式申请资格预审的，联合体各成员应分别填写并提供证明材料。

表 4－2　投融资能力表（针对本项目的银行贷款意向书）

注：1. 本银行贷款意向书必须由具有相应贷款能力的银行针对本项目出具，其中应包括可向申请人依法组建的项目公司提供贷款的相关意向。

2. 以联合体形式申请资格预审的，联合体各成员应分别提供。

表 4－3　投融资能力表（针对本项目的其他融资意向书）

本表附针对本项目的其他融资意向书。

注：以联合体形式申请资格预审的，联合体各成员应分别提供。

表5　目前对外投资项目表（投融资、建设或运营管理）

申请人应在此提供目前对外投资项目详细清单，并说明相关项目情况；此外，对上述投资项目中是否存在不良经营状况、重大债权、债务纠纷、重大诉讼或严重违约等情况作出说明。

注：以联合体形式申请资格预审的，联合体各成员应分别填写。

表 6　商业信誉表

申请人应按照申请人须知前附表附录 4 和第二章“申请人须知”第 1.4.4 项所规定的内容，详细说明申请人的商业信誉情况，并应附在国家企业信用信息公示系统、“信用中国”网站的查询结果截图复印件。

注：以联合体形式申请资格预审的，联合体各成员应分别填写。

表 7　申请人曾承担过的类似公路项目表（投融资、建设或运营管理）

申请人应对曾独立承担或主持（作为联合体牵头人）或参与过项目投融资、建设或运营管理的类似公路项目进行详细说明，包括： 1. 项目名称、主管机构名称及联系方式； 2. 项目情况简介：公路等级、里程长度、建设工期、工程总投资、主要工程内容等； 3. 说明申请人在该项目中承担哪一部分（合同段）任务，承担何种任务（投融资、建设或运营管理），是独立承担或是主持（作为联合体牵头人）还是与其他单位合作完成； 4. 申请人应随本表提供与各项目主管机构签署的合同协议书及该机构对申请人履行合同的证明文件或其他证明资料复印件。

注：1. 本表“类似公路项目”指与本项目相比同等级或以上等级公路项目，或者同等类型的公路项目。

2. 以联合体形式申请资格预审的，联合体各成员应分别填写。

表 8　项目公司股权构架图

附图表示拟组建项目公司的股权构架。

表 9　拟在项目公司任职的主要人员表[①]

拟任职务	姓名	资格、经验及现任职务简述
总经理		
副总经理		
总工程师		
财务负责人		
……		
……		
……		

注：本表中还应填入拟在项目公司任职的其他主要人员，可包括工程、合约、融资、协调、物资供应等主管人员。

① 如果招标人未对项目公司主要技术管理人员提出资格条件要求，则本表可不予保留。

表 10　主要人员简历表

姓名		性别		年龄	
学历		专业		职称	
拟在本项目公司中担任职务					

经历

时间	工作单位	担任何职	备注

有关技术（投资、经济、工程等）和管理经验

项目名称	建设规模	开/竣工时间	工程质量

注：本表填写的主要人员应与表 9 所列人员相一致，在本表后应附身份证和职称资格证书复印件。

五、其他资料

申请人认为有必要提供的其他资料。

第五章　招标项目基础资料

招标项目基础资料

招标人向各申请人提供下列文件：

1. 政府对招标人（项目实施机构）的授权文件；
2. 项目实施方案的批复文件；
3. 项目相关审批文件；
4. 可行性研究报告（含补充报告）等。